Cake Order Forms

Dedication

This Cake Order Forms Book is dedicated to all the bakers out there who want to record all their clients orders and document their findings in the process.

You are my inspiration for producing books and I'm honored to be a part of keeping all of your cake orders notes and records organized.

This journal notebook will help you record the details of your cake business.

Thoughtfully put together with these sections to record: Business Information, Order Index, Order Form, Customer Details, Cake Details With Sketch, Notes, Total Cost, and Form of Payment.

How to Use this Book

The purpose of this book is to keep all of your Cake Order notes all in one place. It will help keep you organized.

This Cake Order Forms Book will allow you to accurately document every detail about your cake orders.

Here are examples of the prompts for you to fill in and write about your experience in this book:

1. Business Information - Write Name, Phone Number, Email, Address, City, State, Zip, Company Name, Website, and Notes.

2. Order Index - Easily find your order with this index. Includes Number and Order.

3. Order Form - Log details about the order

4. Customer Details - Record customer Name, Phone Number, Delivery Date, Email, and Address.

5. Cake Details With Sketch - Write Tiers, Color Scheme, Size & Shapes, Flavors, Special Instructions, and a Dotted Grid Area for Sketching the design of the Cake.

6. Notes - Blank lined space for any notetaking about any other important information you wish.

7. Total Cost - For recording the final cost.

8. Form of Payment - Log whether they paid with, check, cash, or other.

Business Information

Name: _____

Phone number: _____

Email: _____

Address: _____

City: _____ State: _____ Zip: _____

Company name: _____

Website: _____

Notes: _____

_____

_____

_____

_____

Order Index

No.	Order	No.	Order

Order Index

No.	Order	No.	Order

| Order no: | **Order Form** | Order date: |

Customer Details

Name: _____ Delivery date: _____

Phone number: _____ Email: _____

Address: _____

_____

Cake Details

Tiers: _____ Color scheme: _____

Size & shapes: _____ Flavours: _____

Special instructions: _____

Cake :

Notes

_____

_____

_____

_____

| Total cost: | Form of payment: |

| Order no: | **Order Form** | Order date: |

Customer Details

Name: _____ Delivery date: _____

Phone number: _____ Email: _____

Address: _____

_____

Cake Details

Tiers: _____ Color scheme: _____

Size & shapes: _____ Flavours: _____

Special instructions: _____

Cake:

Notes

_____

_____

_____

_____

Total cost: Form of payment:

| Order no: | **Order Form** | Order date: |

Customer Details

Name: _____ Delivery date: _____

Phone number: _____ Email: _____

Address: _____
_____

Cake Details

Tiers: _____ Color scheme: _____

Size & shapes: _____ Flavours: _____

Special instructions: _____

Cake:

Notes

_____
_____
_____
_____

Total cost: Form of payment:

| Order no: | **Order Form** | Order date: |

Customer Details

Name: _____ Delivery date: _____

Phone number: _____ Email: _____

Address: _____

_____

Cake Details

Tiers: _____ Color scheme: _____

Size & shapes: _____ Flavours: _____

Special instructions: _____

Cake:

Notes

_____

_____

_____

_____

Total cost: Form of payment:

| Order no: | **Order Form** | Order date: |

Customer Details

Name: _____ Delivery date: _____

Phone number: _____ Email: _____

Address: _____
_____

Cake Details

Tiers: _____ Color scheme: _____

Size & shapes: _____ Flavours: _____

Special instructions: _____

Cake :

Notes

_____
_____
_____
_____

Total cost: Form of payment:

| Order no: | **Order Form** | Order date: |

Customer Details

Name: _____ Delivery date: _____

Phone number: _____ Email: _____

Address: _____

_____

Cake Details

Tiers: _____ Color scheme: _____

Size & shapes: _____ Flavours: _____

Special instructions: _____

Cake:

Notes

_____
_____
_____
_____

Total cost: _____ Form of payment: _____

| Order no: | **Order Form** | Order date: |

Customer Details

Name: _____ Delivery date: _____
Phone number: _____ Email: _____
Address: _____
_____

Cake Details

Tiers: _____ Color scheme: _____
Size & shapes: _____ Flavours: _____
Special instructions: _____

Cake :

Notes

_____
_____
_____
_____
_____

| Total cost: | Form of payment: |

| Order no: | **Order Form** | Order date: |

Customer Details

Name: _____ Delivery date: _____

Phone number: _____ Email: _____

Address: _____

_____

Cake Details

Tiers: _____ Color scheme: _____

Size & shapes: _____ Flavours: _____

Special instructions: _____

Cake :

Notes

_____

_____

_____

_____

Total cost: Form of payment:

| Order no: | **Order Form** | Order date: |

Customer Details

Name: _____ Delivery date: _____

Phone number: _____ Email: _____

Address: _____
_____

Cake Details

Tiers: _____ Color scheme: _____

Size & shapes: _____ Flavours: _____

Special instructions: _____

Cake:

Notes

_____
_____
_____
_____

Total cost: Form of payment:

| Order no: | **Order Form** | Order date: |

Customer Details

Name: _____ Delivery date: _____

Phone number: _____ Email: _____

Address: _____

_____

Cake Details

Tiers: _____ Color scheme: _____

Size & shapes: _____ Flavours: _____

Special instructions: _____

Cake:

Notes

_____

_____

_____

_____

Total cost: Form of payment:

| Order no: | **Order Form** | Order date: |

Customer Details

Name: _____ Delivery date: _____

Phone number: _____ Email: _____

Address: _____

_____

Cake Details

Tiers: _____ Color scheme: _____

Size & shapes: _____ Flavours: _____

Special instructions: _____

Cake :

Notes

_____

_____

_____

_____

| Total cost: | Form of payment: |

| Order no: | **Order Form** | Order date: |

Customer Details

Name: _____ Delivery date: _____
Phone number: _____ Email: _____
Address: _____
_____

Cake Details

Tiers: _____ Color scheme: _____
Size & shapes: _____ Flavours: _____
Special instructions: _____

Cake:

Notes

_____
_____
_____
_____

Total cost: Form of payment:

| Order no: | **Order Form** | Order date: |

Customer Details

Name: _____ Delivery date: _____

Phone number: _____ Email: _____

Address: _____
_____

Cake Details

Tiers: _____ Color scheme: _____

Size & shapes: _____ Flavours: _____

Special instructions: _____

Cake :

Notes

_____
_____
_____
_____

Total cost: Form of payment:

| Order no: | **Order Form** | Order date: |

Customer Details

Name: _____ Delivery date: _____

Phone number: _____ Email: _____

Address: _____

_____

Cake Details

Tiers: _____ Color scheme: _____

Size & shapes: _____ Flavours: _____

Special instructions: _____

Cake:

Notes

_____

_____

_____

_____

Total cost: _____ Form of payment: _____

| Order no: | **Order Form** | Order date: |

Customer Details

Name: _____ Delivery date: _____
Phone number: _____ Email: _____
Address: _____
_____

Cake Details

Tiers: _____ Color scheme: _____
Size & shapes: _____ Flavours: _____
Special instructions: _____
Cake:

Notes

_____
_____
_____
_____

Total cost: Form of payment:

| Order no: | **Order Form** | Order date: |

Customer Details

Name: _____ Delivery date: _____

Phone number: _____ Email: _____

Address: _____

_____

Cake Details

Tiers: _____ Color scheme: _____

Size & shapes: _____ Flavours: _____

Special instructions: _____

Cake :

Notes

_____

_____

_____

_____

Total cost: Form of payment:

| Order no: | **Order Form** | Order date: |

Customer Details

Name: _____ Delivery date: _____

Phone number: _____ Email: _____

Address: _____

_____

Cake Details

Tiers: _____ Color scheme: _____

Size & shapes: _____ Flavours: _____

Special instructions: _____

Cake:

Notes

_____

_____

_____

_____

Total cost: Form of payment:

| Order no: | **Order Form** | Order date: |

Customer Details

Name: _____ Delivery date: _____
Phone number: _____ Email: _____
Address: _____
_____

Cake Details

Tiers: _____ Color scheme: _____
Size & shapes: _____ Flavours: _____
Special instructions: _____

Cake:

Notes

_____
_____
_____
_____

Total cost: Form of payment:

| Order no: | **Order Form** | Order date: |

Customer Details

Name: _____ Delivery date: _____

Phone number: _____ Email: _____

Address: _____

_____

Cake Details

Tiers: _____ Color scheme: _____

Size & shapes: _____ Flavours: _____

Special instructions: _____

Cake:

Notes

_____

_____

_____

_____

_____

Total cost: 	 Form of payment:

| Order no: | **Order Form** | Order date: |

Customer Details

Name: _____ Delivery date: _____

Phone number: _____ Email: _____

Address: _____

_____

Cake Details

Tiers: _____ Color scheme: _____

Size & shapes: _____ Flavours: _____

Special instructions: _____

Cake:

Notes

_____

_____

_____

_____

Total cost: Form of payment:

Order Form

Order no: _____ **Order date:** _____

Customer Details

Name: _____ Delivery date: _____

Phone number: _____ Email: _____

Address: _____

_____

_____

Cake Details

Tiers: _____ Color scheme: _____

Size & shapes: _____ Flavours: _____

Special instructions: _____

Cake :

Notes

_____

_____

_____

_____

Total cost: **Form of payment:**

Order Form

Order no: _____ **Order date:** _____

Customer Details

Name: _____ Delivery date: _____

Phone number: _____ Email: _____

Address: _____

_____

Cake Details

Tiers: _____ Color scheme: _____

Size & shapes: _____ Flavours: _____

Special instructions: _____

Cake:

Notes

_____

_____

_____

_____

Total cost: _____ **Form of payment:** _____

| Order no: | **Order Form** | Order date: |

Customer Details

Name: _____ Delivery date: _____

Phone number: _____ Email: _____

Address: _____

_____

Cake Details

Tiers: _____ Color scheme: _____

Size & shapes: _____ Flavours: _____

Special instructions: _____

Cake:

Notes

_____

_____

_____

_____

Total cost: Form of payment:

Order Form

Order no: _____   Order date: _____

Customer Details

Name: _____   Delivery date: _____

Phone number: _____   Email: _____

Address: _____

_____

Cake Details

Tiers: _____   Color scheme: _____

Size & shapes: _____   Flavours: _____

Special instructions: _____

Cake:

Notes

_____

_____

_____

_____

Total cost: _____   Form of payment: _____

| Order no: | **Order Form** | Order date: |

Customer Details

Name: _____ Delivery date: _____

Phone number: _____ Email: _____

Address: _____

_____

Cake Details

Tiers: _____ Color scheme: _____

Size & shapes: _____ Flavours: _____

Special instructions: _____

Cake:

Notes

_____

_____

_____

_____

Total cost: Form of payment:

| Order no: | **Order Form** | Order date: |

Customer Details

Name: _____ Delivery date: _____

Phone number: _____ Email: _____

Address: _____
_____

Cake Details

Tiers: _____ Color scheme: _____

Size & shapes: _____ Flavours: _____

Special instructions: _____

Cake:

Notes

_____
_____
_____
_____

Total cost: Form of payment:

Order Form

Order no:
Order date:

Customer Details

Name: _____ Delivery date: _____
Phone number: _____ Email: _____
Address: _____
_____

Cake Details

Tiers: _____ Color scheme: _____
Size & shapes: _____ Flavours: _____
Special instructions: _____

Cake:

Notes

_____
_____
_____
_____
_____

Total cost: **Form of payment:**

| Order no: | **Order Form** | Order date: |

Customer Details

Name: _____ Delivery date: _____

Phone number: _____ Email: _____

Address: _____
_____

Cake Details

Tiers: _____ Color scheme: _____

Size & shapes: _____ Flavours: _____

Special instructions: _____

Cake :

Notes

_____
_____
_____
_____

Total cost: Form of payment:

Order Form

Order no:
Order date:

Customer Details

Name: _____ Delivery date: _____

Phone number: _____ Email: _____

Address: _____

_____

Cake Details

Tiers: _____ Color scheme: _____

Size & shapes: _____ Flavours: _____

Special instructions: _____

Cake:

Notes

_____

_____

_____

_____

Total cost: **Form of payment:**

| Order no: | **Order Form** | Order date: |

Customer Details

Name: _____ Delivery date: _____

Phone number: _____ Email: _____

Address: _____

_____

Cake Details

Tiers: _____ Color scheme: _____

Size & shapes: _____ Flavours: _____

Special instructions: _____

Cake:

Notes

_____

_____

_____

_____

Total cost: Form of payment:

Order Form

Order no: _____ **Order date:** _____

Customer Details

Name: _____ Delivery date: _____

Phone number: _____ Email: _____

Address: _____

_____

Cake Details

Tiers: _____ Color scheme: _____

Size & shapes: _____ Flavours: _____

Special instructions: _____

Cake:

Notes

_____

_____

_____

_____

Total cost: _____ **Form of payment:** _____

| Order no: | **Order Form** | Order date: |

Customer Details

Name: _____ Delivery date: _____

Phone number: _____ Email: _____

Address: _____

_____

Cake Details

Tiers: _____ Color scheme: _____

Size & shapes: _____ Flavours: _____

Special instructions: _____

Cake:

Notes

_____

_____

_____

_____

Total cost: Form of payment:

Order Form

Order no: **Order date:**

Customer Details

Name: _____ Delivery date: _____

Phone number: _____ Email: _____

Address: _____
_____

Cake Details

Tiers: _____ Color scheme: _____

Size & shapes: _____ Flavours: _____

Special instructions: _____

Cake:

Notes

_____
_____
_____
_____

Total cost: **Form of payment:**

| Order no: | **Order Form** | Order date: |

Customer Details

Name: _____ Delivery date: _____

Phone number: _____ Email: _____

Address: _____

_____

Cake Details

Tiers: _____ Color scheme: _____

Size & shapes: _____ Flavours: _____

Special instructions: _____

Cake :

Notes

_____

_____

_____

_____

Total cost: Form of payment:

| Order no: | **Order Form** | Order date: |

Customer Details

Name: _____ Delivery date: _____
Phone number: _____ Email: _____
Address: _____
_____
_____

Cake Details

Tiers: _____ Color scheme: _____
Size & shapes: _____ Flavours: _____
Special instructions: _____
Cake:

Notes

_____
_____
_____
_____

Total cost: _____ Form of payment: _____

| Order no: | **Order Form** | Order date: |

Customer Details

Name: _____ Delivery date: _____

Phone number: _____ Email: _____

Address: _____

_____

Cake Details

Tiers: _____ Color scheme: _____

Size & shapes: _____ Flavours: _____

Special instructions: _____

Cake:

Notes

_____

_____

_____

_____

| Total cost: | Form of payment: |

Order no: **Order Form**   Order date:

Customer Details

Name: _____ Delivery date: _____

Phone number: _____ Email: _____

Address: _____
_____

Cake Details

Tiers: _____ Color scheme: _____

Size & shapes: _____ Flavours: _____

Special instructions: _____

Cake:

Notes

_____
_____
_____
_____

Total cost: Form of payment:

Order Form

Order no: _____ **Order date:** _____

Customer Details

Name: _____ Delivery date: _____

Phone number: _____ Email: _____

Address: _____

_____

Cake Details

Tiers: _____ Color scheme: _____

Size & shapes: _____ Flavours: _____

Special instructions: _____

Cake:

Notes

_____

_____

_____

_____

Total cost: _____ **Form of payment:** _____

Order Form

Order no: _____ **Order date:** _____

Customer Details

Name: _____ Delivery date: _____

Phone number: _____ Email: _____

Address: _____

_____

Cake Details

Tiers: _____ Color scheme: _____

Size & shapes: _____ Flavours: _____

Special instructions: _____

Cake :

Notes

_____

_____

_____

_____

Total cost: _____ **Form of payment:** _____

| Order no: | **Order Form** | Order date: |

Customer Details

Name: _____ Delivery date: _____

Phone number: _____ Email: _____

Address: _____

_____

Cake Details

Tiers: _____ Color scheme: _____

Size & shapes: _____ Flavours: _____

Special instructions: _____

Cake :

Notes

_____

_____

_____

_____

Total cost: Form of payment:

| Order no: | **Order Form** | Order date: |

Customer Details

Name: _____ Delivery date: _____

Phone number: _____ Email: _____

Address: _____
_____

Cake Details

Tiers: _____ Color scheme: _____

Size & shapes: _____ Flavours: _____

Special instructions: _____

Cake :

Notes

_____
_____
_____
_____

Total cost: Form of payment:

| Order no: | **Order Form** | Order date: |

Customer Details

Name: _____ Delivery date: _____

Phone number: _____ Email: _____

Address: _____

_____

Cake Details

Tiers: _____ Color scheme: _____

Size & shapes: _____ Flavours: _____

Special instructions: _____

Cake:

Notes

_____
_____
_____
_____

Total cost: Form of payment:

Order Form

Order no: _____ **Order date:** _____

Customer Details

Name: _____ Delivery date: _____

Phone number: _____ Email: _____

Address: _____

_____

Cake Details

Tiers: _____ Color scheme: _____

Size & shapes: _____ Flavours: _____

Special instructions: _____

Cake:

Notes

_____

_____

_____

_____

Total cost: _____ **Form of payment:** _____

| Order no: | **Order Form** | Order date: |

Customer Details

Name: _____ Delivery date: _____

Phone number: _____ Email: _____

Address: _____

_____

Cake Details

Tiers: _____ Color scheme: _____

Size & shapes: _____ Flavours: _____

Special instructions: _____

Cake:

Notes

_____

_____

_____

_____

Total cost: Form of payment:

| Order no: | **Order Form** | Order date: |

Customer Details

Name: _____ Delivery date: _____

Phone number: _____ Email: _____

Address: _____
_____

Cake Details

Tiers: _____ Color scheme: _____

Size & shapes: _____ Flavours: _____

Special instructions: _____

Cake:

Notes

_____
_____
_____
_____

Total cost: Form of payment:

| Order no: | **Order Form** | Order date: |

Customer Details

Name: _____ Delivery date: _____

Phone number: _____ Email: _____

Address: _____

_____

Cake Details

Tiers: _____ Color scheme: _____

Size & shapes: _____ Flavours: _____

Special instructions: _____

Cake:

Notes

_____

_____

_____

_____

Total cost: Form of payment:

| Order no: | **Order Form** | Order date: |

Customer Details

Name: _____ Delivery date: _____
Phone number: _____ Email: _____
Address: _____
_____

Cake Details

Tiers: _____ Color scheme: _____
Size & shapes: _____ Flavours: _____
Special instructions: _____

Cake:

Notes

_____
_____
_____
_____

Total cost: _____ Form of payment: _____

Order Form

Order no: _____ **Order date:** _____

Customer Details

Name: _____ Delivery date: _____

Phone number: _____ Email: _____

Address: _____

_____

Cake Details

Tiers: _____ Color scheme: _____

Size & shapes: _____ Flavours: _____

Special instructions: _____

Cake:

Notes

_____

_____

_____

_____

Total cost: **Form of payment:**

| Order no: | **Order Form** | Order date: |

Customer Details

Name: _____ Delivery date: _____

Phone number: _____ Email: _____

Address: _____

_____

Cake Details

Tiers: _____ Color scheme: _____

Size & shapes: _____ Flavours: _____

Special instructions: _____

Cake:

Notes

_____

_____

_____

_____

Total cost: Form of payment:

| Order no: | **Order Form** | Order date: |

Customer Details

Name: _____ Delivery date: _____

Phone number: _____ Email: _____

Address: _____
_____

Cake Details

Tiers: _____ Color scheme: _____

Size & shapes: _____ Flavours: _____

Special instructions: _____

Cake:

Notes

_____
_____
_____
_____

Total cost: Form of payment:

| Order no: | **Order Form** | Order date: |

Customer Details

Name: _____ Delivery date: _____

Phone number: _____ Email: _____

Address: _____

_____

Cake Details

Tiers: _____ Color scheme: _____

Size & shapes: _____ Flavours: _____

Special instructions: _____

Cake:

Notes

_____

_____

_____

_____

Total cost: _____ Form of payment: _____

| Order no: | **Order Form** | Order date: |

Customer Details

Name: _____ Delivery date: _____

Phone number: _____ Email: _____

Address: _____

_____

Cake Details

Tiers: _____ Color scheme: _____

Size & shapes: _____ Flavours: _____

Special instructions: _____

Cake :

Notes

_____

_____

_____

_____

Total cost: Form of payment:

| Order no: | **Order Form** | Order date: |

Customer Details

Name: _____ Delivery date: _____
Phone number: _____ Email: _____
Address: _____
_____

Cake Details

Tiers: _____ Color scheme: _____
Size & shapes: _____ Flavours: _____
Special instructions: _____

Cake :

Notes

_____
_____
_____
_____

Total cost: Form of payment:

Order Form

Order no: _____   **Order date:** _____

Customer Details

Name: _____   Delivery date: _____

Phone number: _____   Email: _____

Address: _____

_____

Cake Details

Tiers: _____   Color scheme: _____

Size & shapes: _____   Flavours: _____

Special instructions: _____

Cake:

Notes

_____

_____

_____

_____

Total cost: **Form of payment:**

Order Form

Order no: **Order date:**

Customer Details

Name: _____ Delivery date: _____

Phone number: _____ Email: _____

Address: _____

_____

Cake Details

Tiers: _____ Color scheme: _____

Size & shapes: _____ Flavours: _____

Special instructions: _____

Cake :

Notes

_____

_____

_____

_____

_____

Total cost: **Form of payment:**

| Order no: | **Order Form** | Order date: |

Customer Details

Name: _____ Delivery date: _____

Phone number: _____ Email: _____

Address: _____

_____

Cake Details

Tiers: _____ Color scheme: _____

Size & shapes: _____ Flavours: _____

Special instructions: _____

Cake:

Notes

_____

_____

_____

_____

Total cost: Form of payment:

| Order no: | **Order Form** | Order date: |

Customer Details

Name: _____ Delivery date: _____

Phone number: _____ Email: _____

Address: _____

_____

Cake Details

Tiers: _____ Color scheme: _____

Size & shapes: _____ Flavours: _____

Special instructions: _____

Cake:

Notes

_____
_____
_____
_____

| Total cost: | Form of payment: |

| Order no: | **Order Form** | Order date: |

Customer Details

Name: _____ Delivery date: _____

Phone number: _____ Email: _____

Address: _____

_____

Cake Details

Tiers: _____ Color scheme: _____

Size & shapes: _____ Flavours: _____

Special instructions: _____

Cake:

Notes

_____

_____

_____

_____

Total cost: _____ Form of payment:

| Order no: | **Order Form** | Order date: |

Customer Details

Name: _____ Delivery date: _____
Phone number: _____ Email: _____
Address: _____
_____

Cake Details

Tiers: _____ Color scheme: _____
Size & shapes: _____ Flavours: _____
Special instructions: _____

Cake:

Notes

_____
_____
_____
_____

Total cost: Form of payment:

| Order no: | **Order Form** | Order date: |

Customer Details

Name: _____ Delivery date: _____

Phone number: _____ Email: _____

Address: _____
_____

Cake Details

Tiers: _____ Color scheme: _____

Size & shapes: _____ Flavours: _____

Special instructions: _____

Cake:

Notes

_____
_____
_____
_____

Total cost: Form of payment:

| Order no: | **Order Form** | Order date: |

Customer Details

Name: _____ Delivery date: _____

Phone number: _____ Email: _____

Address: _____

_____

Cake Details

Tiers: _____ Color scheme: _____

Size & shapes: _____ Flavours: _____

Special instructions: _____

Cake :

Notes

_____

_____

_____

_____

| Total cost: | Form of payment: |

| Order no: | **Order Form** | Order date: |

Customer Details

Name: _____ Delivery date: _____

Phone number: _____ Email: _____

Address: _____

_____

Cake Details

Tiers: _____ Color scheme: _____

Size & shapes: _____ Flavours: _____

Special instructions: _____

Cake:

Notes

_____
_____
_____
_____

Total cost: Form of payment:

Order no: _____ **Order Form** **Order date:** _____

Customer Details

Name: _____ Delivery date: _____

Phone number: _____ Email: _____

Address: _____

_____

Cake Details

Tiers: _____ Color scheme: _____

Size & shapes: _____ Flavours: _____

Special instructions: _____

Cake:

Notes

_____

_____

_____

_____

Total cost: _____ **Form of payment:** _____

| Order no: | **Order Form** | Order date: |

Customer Details

Name: _____ Delivery date: _____

Phone number: _____ Email: _____

Address: _____

_____

Cake Details

Tiers: _____ Color scheme: _____

Size & shapes: _____ Flavours: _____

Special instructions: _____

Cake:

Notes

_____

_____

_____

_____

| Total cost: | Form of payment: |

| Order no: | **Order Form** | Order date: |

Customer Details

Name: _____ Delivery date: _____

Phone number: _____ Email: _____

Address: _____
_____

Cake Details

Tiers: _____ Color scheme: _____

Size & shapes: _____ Flavours: _____

Special instructions: _____

Cake:

Notes

_____
_____
_____
_____

Total cost: Form of payment:

| Order no: | **Order Form** | Order date: |

Customer Details

Name: _____ Delivery date: _____
Phone number: _____ Email: _____
Address: _____
_____

Cake Details

Tiers: _____ Color scheme: _____
Size & shapes: _____ Flavours: _____
Special instructions: _____

Cake :

Notes

_____
_____
_____
_____

Total cost: Form of payment:

| Order no: | **Order Form** | Order date: |

Customer Details

Name: _____ Delivery date: _____

Phone number: _____ Email: _____

Address: _____

_____

Cake Details

Tiers: _____ Color scheme: _____

Size & shapes: _____ Flavours: _____

Special instructions: _____

Cake:

Notes

_____

_____

_____

_____

Total cost: Form of payment:

| Order no: | **Order Form** | Order date: |

Customer Details

Name: _____ Delivery date: _____

Phone number: _____ Email: _____

Address: _____

_____

Cake Details

Tiers: _____ Color scheme: _____

Size & shapes: _____ Flavours: _____

Special instructions: _____

Cake:

Notes

_____

_____

_____

_____

Total cost: Form of payment:

Order Form

Order no: _____ Order date: _____

Customer Details

Name: _____ Delivery date: _____
Phone number: _____ Email: _____
Address: _____
_____

Cake Details

Tiers: _____ Color scheme: _____
Size & shapes: _____ Flavours: _____
Special instructions: _____

Cake:

Notes

_____
_____
_____
_____

Total cost: _____ Form of payment: _____

| Order no: | **Order Form** | Order date: |

Customer Details

Name: _____ Delivery date: _____
Phone number: _____ Email: _____
Address: _____
_____

Cake Details

Tiers: _____ Color scheme: _____
Size & shapes: _____ Flavours: _____
Special instructions: _____

Cake:

Notes

_____
_____
_____
_____

Total cost: Form of payment:

| Order no: | **Order Form** | Order date: |

Customer Details

Name: _____ Delivery date: _____
Phone number: _____ Email: _____
Address: _____
_____

Cake Details

Tiers: _____ Color scheme: _____
Size & shapes: _____ Flavours: _____
Special instructions: _____

Cake :

Notes

_____
_____
_____
_____
_____

Total cost: Form of payment:

| Order no: | **Order Form** | Order date: |

Customer Details

Name: _____ Delivery date: _____

Phone number: _____ Email: _____

Address: _____
_____

Cake Details

Tiers: _____ Color scheme: _____

Size & shapes: _____ Flavours: _____

Special instructions: _____

Cake:

Notes

_____
_____
_____
_____

Total cost: Form of payment:

Order Form

Order no: _____ **Order date:** _____

Customer Details

Name: _____ Delivery date: _____

Phone number: _____ Email: _____

Address: _____
_____

Cake Details

Tiers: _____ Color scheme: _____

Size & shapes: _____ Flavours: _____

Special instructions: _____

Cake:

Notes

_____
_____
_____
_____

Total cost: _____ **Form of payment:** _____

| Order no: | **Order Form** | Order date: |

Customer Details

Name: _____ Delivery date: _____

Phone number: _____ Email: _____

Address: _____
_____

Cake Details

Tiers: _____ Color scheme: _____

Size & shapes: _____ Flavours: _____

Special instructions: _____

Cake:

Notes

_____
_____
_____
_____

Total cost: Form of payment:

Order Form

Order no: **Order date:**

Customer Details

Name: _____ Delivery date: _____

Phone number: _____ Email: _____

Address: _____

_____

Cake Details

Tiers: _____ Color scheme: _____

Size & shapes: _____ Flavours: _____

Special instructions: _____

Cake:

Notes

_____

_____

_____

_____

Total cost: **Form of payment:**

| Order no: | **Order Form** | Order date: |

Customer Details

Name: _____ Delivery date: _____

Phone number: _____ Email: _____

Address: _____
_____

Cake Details

Tiers: _____ Color scheme: _____

Size & shapes: _____ Flavours: _____

Special instructions: _____

Cake :

Notes

_____
_____
_____
_____

Total cost: Form of payment:

| Order no: | **Order Form** | Order date: |

Customer Details

Name: _____ Delivery date: _____

Phone number: _____ Email: _____

Address: _____
_____

Cake Details

Tiers: _____ Color scheme: _____

Size & shapes: _____ Flavours: _____

Special instructions: _____

Cake:

Notes

_____
_____
_____
_____
_____

Total cost: Form of payment:

Order Form

Order no: _____ **Order date:** _____

Customer Details

Name: _____ Delivery date: _____

Phone number: _____ Email: _____

Address: _____

_____

Cake Details

Tiers: _____ Color scheme: _____

Size & shapes: _____ Flavours: _____

Special instructions: _____

Cake:

Notes

_____

_____

_____

_____

Total cost: _____ **Form of payment:** _____

Order Form

Order no: _____ Order date: _____

Customer Details

Name: _____ Delivery date: _____

Phone number: _____ Email: _____

Address: _____

_____

Cake Details

Tiers: _____ Color scheme: _____

Size & shapes: _____ Flavours: _____

Special instructions: _____

Cake:

Notes

_____

_____

_____

_____

Total cost: _____ Form of payment: _____

Order Form

Order no: _____   Order date: _____

Customer Details

Name: _____   Delivery date: _____
Phone number: _____   Email: _____
Address: _____
_____

Cake Details

Tiers: _____   Color scheme: _____
Size & shapes: _____   Flavours: _____
Special instructions: _____

Cake:

Notes

_____
_____
_____
_____

Total cost: _____   Form of payment: _____

| Order no: | **Order Form** | Order date: |

Customer Details

Name: _____ Delivery date: _____

Phone number: _____ Email: _____

Address: _____
_____

Cake Details

Tiers: _____ Color scheme: _____

Size & shapes: _____ Flavours: _____

Special instructions: _____

Cake:

Notes

_____
_____
_____
_____

Total cost: Form of payment:

| Order no: | **Order Form** | Order date: |

Customer Details

Name: _____ Delivery date: _____

Phone number: _____ Email: _____

Address: _____

_____

Cake Details

Tiers: _____ Color scheme: _____

Size & shapes: _____ Flavours: _____

Special instructions: _____

Cake:

Notes

_____

_____

_____

_____

Total cost: Form of payment:

| Order no: | **Order Form** | Order date: |

Customer Details

Name: _____ Delivery date: _____

Phone number: _____ Email: _____

Address: _____

_____

Cake Details

Tiers: _____ Color scheme: _____

Size & shapes: _____ Flavours: _____

Special instructions: _____

Cake:

Notes

_____

_____

_____

_____

Total cost: Form of payment:

| Order no: | **Order Form** | Order date: |

Customer Details

Name: _____ Delivery date: _____

Phone number: _____ Email: _____

Address: _____

_____

Cake Details

Tiers: _____ Color scheme: _____

Size & shapes: _____ Flavours: _____

Special instructions: _____

Cake:

Notes

_____

_____

_____

_____

Total cost: Form of payment:

Order Form

Order no: _____ **Order date:** _____

Customer Details

Name: _____ Delivery date: _____

Phone number: _____ Email: _____

Address: _____
_____

Cake Details

Tiers: _____ Color scheme: _____

Size & shapes: _____ Flavours: _____

Special instructions: _____

Cake:

Notes

_____
_____
_____
_____

Total cost: _____ **Form of payment:** _____

| Order no: | **Order Form** | Order date: |

Customer Details

Name: _____ Delivery date: _____

Phone number: _____ Email: _____

Address: _____

_____

Cake Details

Tiers: _____ Color scheme: _____

Size & shapes: _____ Flavours: _____

Special instructions: _____

Cake:

Notes

_____

_____

_____

_____

| Total cost: | Form of payment: |

| Order no: | **Order Form** | Order date: |

Customer Details

Name: _____ Delivery date: _____
Phone number: _____ Email: _____
Address: _____
_____

Cake Details

Tiers: _____ Color scheme: _____
Size & shapes: _____ Flavours: _____
Special instructions: _____

Cake:

Notes

_____
_____
_____
_____

Total cost: Form of payment:

| Order no: | **Order Form** | Order date: |

Customer Details

Name: _____ Delivery date: _____

Phone number: _____ Email: _____

Address: _____
_____

Cake Details

Tiers: _____ Color scheme: _____

Size & shapes: _____ Flavours: _____

Special instructions: _____

Cake :

Notes

_____
_____
_____
_____

Total cost: Form of payment:

| Order no: | **Order Form** | Order date: |

Customer Details

Name: _____   Delivery date: _____

Phone number: _____   Email: _____

Address: _____

_____

Cake Details

Tiers: _____   Color scheme: _____

Size & shapes: _____   Flavours: _____

Special instructions: _____

Cake :

Notes

_____

_____

_____

_____

Total cost: Form of payment:

Order Form

Order no: _____ **Order date:** _____

Customer Details

Name: _____ Delivery date: _____

Phone number: _____ Email: _____

Address: _____

_____

Cake Details

Tiers: _____ Color scheme: _____

Size & shapes: _____ Flavours: _____

Special instructions: _____

Cake:

Notes

_____

_____

_____

_____

Total cost: _____ **Form of payment:** _____

| Order no: | **Order Form** | Order date: |

Customer Details

Name: _____ Delivery date: _____

Phone number: _____ Email: _____

Address: _____

_____

Cake Details

Tiers: _____ Color scheme: _____

Size & shapes: _____ Flavours: _____

Special instructions: _____

Cake :

Notes

_____

_____

_____

_____

Total cost: Form of payment:

| Order no: | **Order Form** | Order date: |

Customer Details

Name: _____ Delivery date: _____

Phone number: _____ Email: _____

Address: _____

_____

Cake Details

Tiers: _____ Color scheme: _____

Size & shapes: _____ Flavours: _____

Special instructions: _____

Cake:

Notes

_____

_____

_____

_____

Total cost: Form of payment:

| Order no: | **Order Form** | Order date: |

Customer Details

Name: _____ Delivery date: _____

Phone number: _____ Email: _____

Address: _____

_____

Cake Details

Tiers: _____ Color scheme: _____

Size & shapes: _____ Flavours: _____

Special instructions: _____

Cake:

Notes

_____

_____

_____

_____

Total cost: Form of payment:

Order Form

Order no: _____   **Order date:** _____

Customer Details

Name: _____   Delivery date: _____

Phone number: _____   Email: _____

Address: _____

_____

Cake Details

Tiers: _____   Color scheme: _____

Size & shapes: _____   Flavours: _____

Special instructions: _____

Cake:

Notes

_____

_____

_____

_____

Total cost: **Form of payment:**